CONSCIENCE NARCOTIQUE

Stéphane Magunda Masiste

CONSCIENCE NARCOTIQUE

Poèmes

Editions de l'Erablière

Dépôt légal: 2014
Bibliothèque et Archives nationales du Québec
Bibliothèque et Archives Canada
©Editions de l'Erablière
5-2130 Rue Galt Crescent, Montréal
Québec, Canada (H4E1H6)
7-450 51ᵉ Rue Ouest Charlesbourg
Québec, Québec, Canada (G1H5C5)
Droits de traduction et de reproduction réservés pour tous les pays. Toute reproduction, même partielle, de cet ouvrage est interdite
ISBN 9782981300454
Crédit et modèle Photo Couverture :
http://upload.wikimedia.org/wikipedia/commons/0/03/Bee_smoker02.jpg

DEDICACE

A toi, Inconnu,
Qui de loin
Ou de près,
Peux être touché
Par un petit mot,
Une petite tournure
De phrase
De cet anodin
Recueil des poèmes...

A toi, je dédie
Ces sobres vers ;
A toi je consacre
Ces vers solitaires
De recueillement
Et de retranchement
Volontaire...

SMM

TETUE VERITE

Que tu es têtue, subtile vérité
Toi qui lorsqu' il est temps
Et que nul ne t'attend
A grand jour éclates libérée.

Faudra-t-il plus en apprendre
Pour n'en savoir que moins
De ce qui se conçoit avec soin
Et dans l'attente se morfondre ?

Quel objectif sacré et sublime
Pour un cœur léger comme plume
Comment te lier toi si rebelle
Lorsque tranchante tu te révèles
Comment te subjuguer toi si crue
Qui exhumes les mensonges disparus ?

Loin de te consumer
Comme de sombres rêves prohibés
Tes traces se veulent ineffaçables
Pour demeurer à souhait éternelles
Reconnaissant que nul n'est capable
De te rendre pour le moins essentielle

Ils sont rêveurs ceux qui plongent
Leur regard dans l'utopie
Se gavant de subtils mensonges :
Pauvres proies des manies impies.

Qui, sans gêne, saura te camoufler
Sur des sentiers tortueux marchant
Et comme impétueux vent souffler
Sans ménagement en tous lieux
Que tu es têtue, insaisissable vérité
Même si contes et fables d'autrefois
En moi corps et forme ont pris
Quoi que par tes empreintes effacées

Sous ton ciel sans nuages
Comment à l'histoire rendre hommage
Pour une nature qui à l'infini s'étend
Insolite et diffuse comme nuit

Les yeux imbus d'insomnie
Où trouver remède pour l'accalmie
Et se perdre au-delà des mers
Déserte comme naufrage solitaire

Qu'au bout du chemin de malheur
Sa destinée enfouie trouve mon cœur
Et mes rêves quoique perdus
Dans les oubliettes entretenues à nue

Que tu es têtue, titanique vérité
Qui du droit chemin te détournera
Et d'office te mettre à l'envers
Même si le monde se ligue
Pour t'imposer des sentiers pervers

Arme efficace et solide : ta volonté
Elle passe là où tout casse

Lorsque la nature se lasse
Et que le monde trépasse
Immuable et silencieuse vérité
Tu te veux arrogante et loquace.

HORIZON DEUX MILLE

Quelle sortie pour l'Afrique
Portes de l'an deux mille béantes
Porte de l'an deux mille tentantes
Pour une entrée historique

Afrique des tensions vexatoires
Y enteras-tu en traîne pieds ?
Afrique des troubles étudiés
Y entreras-tu en victime expiatoire ?

Y entreras-tu laminée et déchirée ?
Afrique des rébellions désinvoltes
Portée sur de profondes révoltes
Y entreras-tu donc diminuée ?

Que des bruits des bottes...
Victime de meurtriers canons
Et des guerres, tes conflits,
Tes contradictions
Qui ton sommeil troublent et sabotent !

Terre sauvage aux tribus divisées
Laisse les autres te jauger
Et haut crier pour te juger :
Naïve exploitée aux prédateurs livrée

Que sont-elles devenues tes sources

Exposées aux insatiables appétits ?
Et si tu étais réellement mal partie
Qui tes problèmes résoudra sans Ressources ?
Qui pour toi partie prendra
Et faire lecture du passé
Qui te soutiendra du banc des inculpés
Et pour la progéniture remplir ton contrat ?

A l'orée de l'an deux mille tu endures
Les douleurs de l'enfantement uniques
Pour une Afrique nouvelle et dynamique
Afrique de l'élan de désinvolture
Née pour courageusement affronter
L'irréductible et fatal destin
Où fouiller, où puiser, où chercher enfin
La vivifiante sève et doux lait à t'apporter ?

De béantes entrailles de l'humanité
Ton histoire sombre claire torturée
Est-ce dans la Négritude reconsidérée ?
Est-ce dans le Panafricanisme entêté ?

Peut-être dans le tortueux socialisme
Trouverons-nous les bases de la Reconstruction
Pour ton identité culturelle en déperdition
Que nul ne dénie par fanatisme

Horizon deux mille pour bâtir l'Afrique
Et la nouvelle société africaine
Horizon deux mille pour oublier la Lointaine
Marginalisation d'une identité authentique
Afrique du présent et du passé

Afrique sombre de porte-étendard
Afrique de demain et du standard
Afrique rose et non des destins imposés
Loin de la révolte d'ombre
Va trouver dans la Négritude secouée
La fécondité de ta révolution engagée
Et résoudre tes contradictions sombres

Afrique de demain,
Afrique de l'an deux mille
Va trouver dans le concert des nations
L'éclosion de l'enthousiasme passion
Et défendre ton devenir en péril

Sur le chemin du soleil en déclin
Qui gloutonnement respirera encore
L'authentique bonheur qui s'évapore
Quand éclot le jour nouveau au matin ?

Elan capital et vital d'être
Pour une Afrique ressuscitée et libre
Afrique de sourire et de bonheur ivre
Ouverte au plus et mieux-être.

MALGRE LES ECUEILS ET LES OBSTACLES

Aube naissante
qui dissipe et disperse
les angoisses de la nuit ;
puisse le consolateur temps
bander et guérir
les béantes plaies de la dispersion
puisse le consolateur temps
transformer la vallée des larmes
en rosée de bonheur
et réanimer les jours lugubres.

Où allez-vous chercher la solution,
Vous qui n'aimez de la vie
Que ses reflets trompeurs ?
Ne la lisez-vous pas dans les
Yeux luisants et les inconnues tournures
De l'imprévisible ?

Ou alors dans le défi
Des écueils et obstacles,
Risquant son être au bord
Des précipices et gouffres...

Que l'âme nourrisse un vœu :
Survoler au-delà de la
Brièveté et illusion du temps ;

Laisser ses rêves errer tristement
A la recherche du bien-être
Et d'une présence de réconfort.

AU-DELA DE LA FAÇADE

Curiosité
quand tu me tiens
soif de connaître
quand tu m'astreints
Oui j'ai soif
oui j'ai faim et soif
soif de connaître
de découvrir
de scruter
d'épier...

J'ai envie de lire au-delà
du connu et du déjà vécu
j'ai envie de sonder le non vu
le non connu le non révélé
le non goûté le non senti

J'ai envie de gratter la façade
décoratrice et retrouver
au-delà le vrai
le naturel
le prototype
le modèle...
Où sont les gens
où sont les êtres
quelle monotone

et grise existence...
où sont les cœurs
pleins de soucis et d'angoisse ?
où sont les hommes
désemparés
et habités de crainte ?

Que c'est triste
au-delà de la façade...

Purgés de pitié :
Ils le sont tous.

Vaccinés contre
l'attendrissement :
ils le sont tous.
à l'abri de la compassion :
ils se réfugient tous.

Au-delà de la façade
j'ai découvert
et déniché les oubliés ;
loin des ennuis,
des besoins,
de la faim,
de la soif
ils ont terminé leurs jours.

Au-delà de la façade
j'ai cultivé l'illusion lyrique
pour me perdre dans
des rêves soporifiques.

BOUSCULADE

Peuples meurtris, peuples assujettis
unissez-vous
d'espoir et de vie nantis
à jamais engagés
sur le chemin de la liberté
et de la souveraineté

Nombreux,
le jour ont vu
Nombreux
de toute part ont émergé
en tous sens discourant
monts et merveilles promettant

Vos oreilles sont gavées
 peuples meurtris
vos tympans sont inondés
bouchés d'avoir trop entendu
bouchés d'avoir trop enregistré

Qui la vérité dira ?
dans son cœur
qui réellement te portera
et tes problèmes
tes souffrances
tes aspirations
qui les comprendra ?

Espoir
vie,
lumière,
consolation
et liberté
d'où viendront-ils ?
De la gauche ?
Que non...
elle a déçu,
foulant aux pieds
engagements pris
et projets enfantés.

De la droite ?
Encore moins...
elle a déçu,
rêvant et gesticulant
loin du réalisme ambiant.

La gauche,
la droite,
le centre...
ils ont tous déçu,
ignorant l'homme
Et se confiant dans leur
" propre moi égoïste "

Inutile bousculade
pour des intérêts
pervers.

CONSCIENCE NARCOTIQUE

Réveille-toi,
conscience narcotique
secoue-toi,
conscience subtile et vaporeuse
voûtée et diminuée,
désespérée et abattue
marche sans fatigue
échappe au temps
comme pèlerin
du pas lent et certain

Asséchée par le soleil tropical
engloutie par le sable des rivières
affaiblie par le poids de désolation
rien ne t'a dénaturée, changée, amoindrie.

Dans l'anonymat,
il t'a rejetée
peuple sans lois
dans l'immensité, il t'a noyée
peuple sans foi

précédée par ton passé révolte
d'enfermement
et de misères en filigrane
comment donc oublier
les lumineux éclairs qui
la mémoire ont traversée

sans s'y perdre
à la manière des exploits des héros
qui l'histoire du monde
retracent sans prétention
de s'y perdre et de s'y confondre

Voici venue l'heure
de conter l'histoire,
son histoire, sans pleurs ni cris
Conscience ignominieusement
martyrisée
être sans défense et outrageusement
offensé
vas-tu te résoudre à
dissoudre et carboniser la haine ?
Nimbée de prestige impénétrable
qui saura noyer et engloutir
ton histoire dans l'abîme de l'oubli
pour te plonger
dans le sommeil éternel ?

Pour toi
le monde n'a jamais fraternisé
pour toi
béantes resteront les portes
de l'antipathie et de ségrégation
pour toi
sympathiseront et pactiseront
discrimination et précaire sort

Pourquoi tant de divisions
pourquoi tant d'indifférence

pourquoi tant de déconsidération
où puiser énergie et engagement
en vue de conter et briser
le béton de l'isolement :
cri de la muette révolte.
Marche
sur le sentier d'obstacles jonché
sans perdre ton identité en chemin
Marche
à la manière de solitaires ruisseaux
serpenter plaines et vallées
cours d'eau sinueux et libertins
Torturée
élève complaintes
et plaintes
assourdies
car du sang innocent de tueries
le jardin de la désolation
tes tortionnaires ont arrosé,
obsessionnel
et pathologique breuvage
des sanguinaires à souhait.

Sans défaillance,
se sont crus tes adversaires ;
dispensés de toute humanité,
se sont sentis tes bourreaux,
dans leurs intérieures pulsions
confinés.

Née au pays des infortunés
élevée dans la disette

et le froid
abreuvée de la morbide
discrimination
habituée au viol de liberté
et à la déshumanisation
aigles planeurs
et autres vautours échassiers
ne t'auront pas complètement
achevée :
triste tableau
d'un monde loin du beau...

Inférieure,
sans intelligence,
sans logique :
l'es-tu réellement ?
supérieurs,
savants,
cartésiens :
le sont-ils réellement ?

Va donc interroger l'histoire
et lire à contre-jour
les souffrances
à ton âme infligées

Un jour
du néant
et de l'effacement
pousseront ton honneur
et grandeur
toi l'indestructible martyr,

toi la conscience narcotique
dont l'identité entamée
au temps
et à l'histoire échappe.

FRANCHE FOLIE

Trouvaille.
Ecoute mon cœur battre
au rythme de ta présence.
Les yeux imbus d'insomnie
où trouver remède pour
l'accalmie
et me perdre
au-delà des mers
désertes comme naufragé

Loin de consumer
et d'éteindre
mon ardeur
comme de subtils
et doux rêves
tes traces se veulent
ineffaçables
pour demeurer
à souhait éternelles

Solide,
Efficace
et dorée
se veut en moi
ta présence
là où tout casse et passe
mon être de toi
jamais ne

se lasse
même si le monde trépasse

Comment donc refaire l'histoire
et le chemin
pour te retrouver
en priorité
afin de briser l'isolement
de ma douloureuse solitude

Vas-tu me loger
dans l'angle secret
de l'anonymat discret
ou me noyer
dans l'immensité
de ton idyllique passé ?

Pour toi,
le monde me blâmera
pour toi,
le monde se divisera
pour toi,
s'ouvriront grandement
les portes de l'antipathie...

Sur les cendres
de la déception
poussera la fleur
du jour nouveau :
mon cœur entrant
et s'enfermant
dans le tien.

SOLEIL DE NUIT

Amical et doux soleil de nuit
viens, de ta lumière tamisée
et de ton parcours lumineux
éclairer le ciel sans étoiles,
viens voler au secours
d'un cœur qui se noie
Je suis seul, tout seul
confiné dans ma solitude
viens à moi comme pétales de fleur
étaler ton léger et doux
parfum à humer
viens à moi comme source
d'eau vive et potable
étancher ma cruelle soif
Evite-moi ton cruel silence
qui mon angoisse creuse
et mes tympans perfore
épargne-moi de ton absence.
qui dans l'isolement
m'enferme...Je veux entendre,
entendre encore
et entendre à m'enivrer
ta limpide voix dont
les stridentes et mélodieuses notes
la délicatesse de mes oreilles chatouillent
Fleur de béatitude, fleur épanouie
fleur de consolation
viens, en moi abattre

les murs des moments solitaires
quand dans ma passion effrénée
se bousculent les idées...

ENFANTEMENT

Univers usé,
univers terne
et sans grâce
berceau sans assises
de l'humanité
dans le chuchotement
de la rumeur déprimante...

Où chercher
le contradictoire temps
qui torture les âmes
et cicatrise les douleurs ?

Où tourner les regards
où tourner le dos
pour ne garder
de toute une vie
aucun souvenir
et dans l'immense chagrin
se perdre ?

Qui l'aurait cru
qui l'aurait redouté...
En résolution
s'est mué le désespoir ;
dans l'élan protecteur
s'est fondue
la languissante sensualité...

La nature a enfanté :
mains pleines de baume
et de velours.
Et dans la brutale histoire
se noiera la mentale obsession,
écran noir d'une vie effacée.

Comment deviner
à travers ses propres soupirs
et souvenirs
les malheurs, les joies et
désespoirs des autres ?

C'est aller chercher l'irréel,
aller creuser le magique
dans les relents monotones
de quotidienne vie...
La lutte est dure
la lutte est âpre
Faut-il fuir la vie
et ses antithèses,
noyer l'attrait de l'insolite
et du pittoresque ?

Ou alors faut-il deviner
le désespoir
dans les attitudes hautaines
et peu rassurantes

Faut-il donc lire la désolation
dans le sourire figé

et briser son élan
dans un mur d'incompréhension...

Allez dénicher
dans le regard
profondément terne
de l'opprimé
une étoile d'humanité,
lui qui, enveloppé de grisaille
et écrasé par le remords
ne récolte sur son chemin que
troubles et chagrins.

La chaleur de l'amitié ?
Emoussée.
Refroidie par la distance
et l'absence,
dans tous sens ballottée
et flottant comme bouchon.

Un désir,
un vœu,
une volonté,
une obsession :
émerger des enlisements
en vue de respirer la liberté ;
et au jour de l'enfantement,
vivre hors des temps
et situations contraignantes...

PLEURS D'UN DESESPERE

La vie n'est pas
que rose
pour tous
l'air n'est pas
que fraîcheur
pour tous
l'existence n'est pas
que tendresse
pour tous
le monde n'est pas
que générosité
pour tous
l'eau n'est pas
que potable
pour tous...

Noyé dans ses pleurs
et baignant dans ses
chaudes larmes
il l'aura compris
et intériorisé
le DESESPERE ;
être solitaire méprisé
et abandonné,
à son compte
il l 'aura vécu...

Dans sa complainte - interpellation

voici son cœur répandu :
" Soleil de l'Orient
viens dissiper la nuit
de mes angoisses en furie ;
crue des mers agitées
viens emporter les dunes
de mes exaspérations ;
destructrice et dévorante
flamme de la correction
viens consumer les montagnes
d'embûches jonchant
mon tortueux parcours ;
torrentielle pluie des
abîmes profonds
viens inonder les encombrants
îlots des malheurs..."

Faut-il perdre son âme
dans les affres de guerre
ou redorer
une existence laminée ?

Invisible ciment
de l'univers microcosme
que pleine vie s'ouvre
pour anéantir
le sombre passé
de l'inconsolable désespéré
et noyer ses pleurs
dans l'extase...

NAVIGATION

la nuit s'évanouit et
se dissipe ;
dans le dernier scintillement
des étoiles, se dissout l'ombre
de roses aspirations,
porteuse de gaieté et de bonne humeur

le jour nouveau pointe à l'horizon
quand éclot l'intimité du soleil
dans sa déroutante ardeur

voici donc venue l'heure
de naviguer à travers pensées
et rêves sans limites ni fin ;
voici venu enfin le temps
de tuer les souvenirs miséreux
et d'effacer l'oubli passager
d'une nuit à souhait spectrale

naviguer sans détours
ni vaines cavales :
comment surmonter la cruelle
soif inassouvie
qui étouffe le souffle brûlant
de ma silencieuse
et intime passion

amer le goût du monde ambiant

car torture et calvaire se veut
la fluide vie, périssable et tributaire
vie des temps sans heurts,
que navigue l'âme ;
sans accrocs ni hostilité,
que mille fourmillements
peuplent l'être entier
et bombardent l'inquiétude
dans le frêle cœur angoissé

de tous feux comme diamant
que resplendissent les rêves
et aspirations ;
qu'ils étincellent, brillent,
s'envolent et s'étiolent
sans bruit ni retenue.

naviguant comme léger,
que le cœur à souhait disposé
dans son obstinée attente
et inflexible patience
carillonne, vibre et retentisse

et moi, perdu dans l'étrange
et énigmatique univers
comme blancheur du jour naissant ,
de sombre obscurité de la nuit
je vais me débarrasser
et revêtir la lueur de l'aube
neuve à la chute de la clarté
d'une lune endormie

naviguer, et toujours naviguer
à la recherche de la paix,
illusoire paix de matamore.

PENSEES AILEES

Né dans la rue
élevé dans la tourmente
et repêché dans la masse
une âme trouble et atterrée
dans le cruel silence
de l'illusion
va sombrer et se gaver
de fluides fantasmes

Cœur d'amour pétri
et de tendresse armé
dans l'univers de solitude
perdu
le monde l'a rejeté
dédaigné
et ignoré
l'intérieur lui est devenu
cruel,
hostile et trompeur
l'extérieur

Comme pensées ailées
dont l'envol jamais ne s'arrête
inexorablement et à l'infini
s'étendra son futur
et historique renom.

Toi le sensible inconnu

sois pour lui réconfortant
messager,
porteur de consolantes
nouvelles
et non tortionnaires
des âmes affables ;
sois pour lui hirondelle,
annonciatrice
de nouvelle saison
et non cobra répugnant,
cracheur de destructeur venin

sois douceur
pour balayer
tempêtes
et turbulences
dans son cœur en émoi

sois douceur
pour diluer
tornades et flots
dans son âme en ébullition

sois douceur
pour enfanter
espoir et rêves
dans sa vie
loin de l'hallucinante vision
de cocaïnomane liquéfiée

Comme pensées ailées
qui voltigent

et voltigent
à ne point s'arrêter.

ABSURDITE

Chatouillantes couleurs
qui au crépuscule chantent ;
nature bridée
et sans saveur :
à qui se confier pour se libérer
de la triste vie ;
triste vie de larmes et drames
jonchée...

Gavée de souffrances
et de joies
la jeunesse fond et s'étiole ;
dans l'alliage de sa dense solitude
couvent rires et pleurs
dans une parfaite opposition

Jeunesse.
Sois tendre et offerte
de douceur et langueur pleine...
Car pour toi
les oiseaux chanteront
pour toi
l'hymne à l'univers
entonneront les cigales

Pauvre,
ignorée
et négligée

même si à ton essence
personne ne s'intéresse
quoique de tes libéralités
le monde se gave
sur le sentier du compte
à rebours
t'accompagnera l'histoire...

dois-tu être riche
et des trésors couverte ?
Oh, qu'elle est bavarde
la richesse
et expansive l'abondance

que celui qui ouvre la porte
au lourd silence de la misère
retrouve la bonne vie
dans le lot des joies
et tristesses alliées.

Que de tes déboires comme
malheurs
érige le monument
de désolation
Absurdité.
quand de la vie
certains se lassent
d'autres,
dans la même vie
se prélassent
Absurdité...

CREATURE DE MIEL ET DE SOLEIL

nulle amertume
nulle angoisse
nul remords...

créature de miel
créature de soleil
translucide grâce
débarrassée de noirceur
et d'abjection
nourrie de suaves caresses
ramène en surface
les petits sentiments secrets
comme tourbillon
de sonorités
qui le tympan écorchent
réprime doutes
et tourments inextinguibles
comme rafale
des discordantes notes
qui les oreilles déchirent

comment résister au
divin sortilège
et les yeux braqués
sur l'obscurité
lire dans l'opacité de la nuit

les incommensurables secrets
de l'univers

comment jouir intensément
de la félicité du moment
et goûter à l'inépuisable béatitude
des jours roses

ardente et extatique
joie de vivre
qui corrodante nostalgie
imprime et restaure,
que l'être ouvert
du fond de l'abîme
du désespoir
s'exhume...

brisé de désespoir
comme nomade perdu
et rassasié
de solitude désertique
le cœur d'orgueil
ne s'enfle point

sereine et silencieuse
la nuit étoilée
se dépouillera des
profanes bruits
et en pleine fécondité brisées
les fleurs se faneront
anéanties par le soleil
et les vents

mais créature de miel
et de soleil subsistera.

RAYON DE JOIE

Rayon de joie
dans un sourire masqué ;
trouble espoir
du fond de l'être
en voie de poindre :
quelle quiétude expansive...

vois
les épaves créatures
qui traînent l'ombre
de l'agonie.

quel bienfaisant dérivatif
trouver pour
briser leur chagrin
et déverser le trop-plein
de leur mort sentimentale ?

que se déterrent
les souvenirs ensevelis,
gais souvenirs
de douce mélancolie
enveloppés

toi qui blâmes le passé
de drames et de passions
vas-tu
à ces cœurs désabusés

rendre confiance
et comme supplice éloigner
poignante et incommensurable
tristesse ?

vas-tu
intrigues et allégresse
allier comme désespoir
et te lancer dans un exil
sans retour ?

Dans le Titanic et
juvénile élan de révolté,
se filtrent au compte-gouttes
les minutes,
les heures
et les jours
lorsque maussades
et humiliés
vivent les êtres hagards,
êtres assoiffés
de recrudescence de vitalité

Que la mélancolie
des doux rêves inachevés
vienne étouffer
le veule consentement
à l'abandon
et au défaitisme.

PETITE FLAMME

Petite flamme
qui
dans l'ombre
de l'inquiétude
rayonne et scintille
petite flamme
qui
le froid de la vie
réchauffe...

viens
de ton sommeil tiré
réveiller
l'essaim
de souvenirs
qui étreint
et déborde
le trop-plein
de l'être oublié
comme mémoire
éveille-toi
aux regrets
et remords
livrée ;
et que s'envolent
allègres
mille légères
et lourdes

pensées.

vie intérieure
qui vide
et solitude
comble...
ouvre les oreilles,
prête attention
à l'audible
et mélancolique
mélopée
des profondeurs
des entrailles
fredonnée

vie intérieure
répands-toi
comme mythe qui
imagination
des jours roses
exalte

et, téméraire,
brillera enfin
l'invisible flamme...

de l'aurore.

FLUIDE BONHEUR

A qui confier sa peine
à qui s'abandonner
quand le monde
s'écartèle et se désolidarise :
cendre de l'histoire emportée.

cris muets d'une
âme torturée,
inexpugnable forteresse
d'intimes secrets
et pensées privées :
le fluide bonheur
s'en est allé
rejeté
d'ombre et de soleil
enveloppé...

remué jusqu'à
tréfonds
sur le visage inexpressif
transparaîtra
l'intérieure austérité
pour noyer le sombre désir :
quelle déconvenue
pour une voluptueuse
douceur nocturne !

quelle tristesse

quelle tendresse
pour un fluide bonheur
avec honneur recherché.

ELAN DE LIBERTE

De quoi rêve un prisonnier
à quoi aspire un condamné
A quoi pense un esclave ?
Impuissance !
regarde la défaite
étouffer la juvénile
ferveur d'un brûlant
enthousiasme.
Le soleil n'est que gentillesse
la lune n'est que caresse
l'air n'est qu'allégresse ;
écoute donc l'hymne de libération
trouer les airs,
hymne plein de véhémence
et de solennité,
qui dans le lent
crépuscule de la nuit
va fondre et se morfondre
Innocence !
vois, au lever du jour se bousculer
les alanguissants émois
qui grisent, domptent, cajolent :
sublime élan
de liberté
qui délivre
restaure et apaise...
De liberté rêve le prisonnier

à la liberté
aspire le condamné
à la liberté
avidement pense l'esclave.

NUIT PARFUMEE

nuit parfumée
que les narines hument
nuit entamée
que le temps consume
gracieuses et subtiles :
tes pétales
ta beauté :
féerique et sculpturale
à souhait
capricieux charme
qui captive les sens
voluptueuse grâce
qui liquéfie l'innocence ,que de beauté,
que de volupté, que de langueur
que de douceur !
de la généreuse terre
des aïeux
tu fus exhumée naguère
au mieux
du majestueux sol
ancestral
tu fus extraite frivole
et glaciale
envoûtant et envahissant
s'étend et se répand
ton subtil parfum
comme au jour de la fin
sans limites

ni prometteuse suite
pour une nuit parfumée
et veloutée...

BONHEUR OU MALHEUR QUI SOMMEILLE

Chemin parsemé de récifs et des écueils
voie d'obstacles et embûches jonchée ;
au-delà de l'ombre de la nuit
que voltige la fluide sensibilité
admirer l'éclat matinal de la lumière
et donner vie aux rêves inassouvis
Bonheur ou sacrifice
toi l'indélébile malheur
qui colle à la peau
et dans les profondeurs des entrailles
couve, tortionnaire…
Quel nom te donner ? Quel crédit t'accorder ?
Leurre ou réalité
toi l'impitoyable destin
qui l'avenir incertain
des jours imprévus et imprévisibles
piège et oriente…Quelle face te montrer ?
La vie ne tarira point
les espoirs ne s'évanouiront point ;
au rythme des réussites et des échecs
se déferont les rêves,
courant après les souvenirs floconneux.
Et qui alors, au jour fatidique
n'écoutera comme conseiller
que voix et caprices de son cœur ?
Qui donc à l'heure fatale

ne se gavera que des insuccès
et des déconfitures
pour récolter sévisses et contradictions ?
Car Bonheur n'est que Malheur
qui sommeille : c'est pareil...
INSAISISSABLE HISTOIRE

Stop !
Fermez les yeux
bouchez les oreilles
videz les cerveaux
soyez alertes
et tournez la page...

Allez sonder,
les regards plongés dans
l'abîme de l'oubli,
l'ampleur de l'ingratitude
pour en tâter la nocivité

Quelle rancœur,
quelle méchanceté
quelle adversité...

A-t-on jamais vu, un peuple
des souvenirs aigres se débarrasser
et des images sombres se défaire
au jour du reniement...
Sourde, silencieuse
et indifférente nature !

Que le passé s'égare

et que dans les oubliettes
se perdent les vestiges :
sans retouche ni revers
demeurera l'histoire,
inchangée, constante, régulière...

Stop !
Qui veut la blâmer
qui va l'éteindre
qui lui assénera
le fatal coup de massue ?

Curée des opaques scories
jamais dans le cul de sac
elle n'aboutira.
Tentaculaire et fluide
elle est immortelle ;
et même tuée,
dans le creux des vestiges
elle se cache
dans les anciennes pierres
elle s'incruste
dans les têtes chauves
elle niche
dans les sentiers battus
elle serpente
dans les ustensiles morts
elle se manifeste
dans les vieux palmiers
elle fleurit...

Lorsqu'on a la tête ailleurs

dans les jours non meilleurs
des méandres de l'oubli
elle s'extirpe, envahissante ;
à la nuit des temps
elle remonte
triomphante,
insaisissable, tenace.

PLEURE TA JEUNESSE

Sombre joie qui éclot
dans le crépuscule de l'âge ;
triste joie
qui rode,
astucieuse
comme serpent de paradis...

Perdu dans un rêve sursaut,
pleure ta jeunesse pernicieuse
victime des pensées sauvages
qui étouffent
l'étincelle de vie.

Ce n'est qu'un rêve
un rêve envoûtant
et éveillé
ce n'est qu'un rêve
pure imagination
ensommeillée.

Sans avenir
ni consistance,
non réelle et factice
fruit de l'obscurité complice :
cerveau embrumé
d'innocence

Marrées des souvenirs amers

qui submergent
la mémoire
rêves falotes
et pervers
qui explosent
l'espoir :
que traînent derrière soi
comme un cercle magique
invisible, fluide et clos
insatiables désirs
platoniques.

Emporté
par des souvenirs vides
pleure ta jeunesse
évanouie,
dernier vestige
des pensées avides
vautré dans ton silence inouï.

Couvrir un espace
divers et pluriel
ton rêve insaisissable vogue
aux quatre coins sensuel
briser le bavard silence
du monologue

Acculé dans l'impasse,
pleure ta jeunesse !
brouillant
et sans finesse,
livre-toi

au temps qui passe.

TEL DES VAMPIRES

Tel des vampires
ils sont avides de sang
et de destruction ;
sangsues insatiables, des crimes
ils se délectent,
si beaux crimes
qui murmurent
et le silence de marbre
brise

ni vu ni connu !
de leur sinistre mainmise
l'inimitié intime ils cultivent.
Ils ont du sang
sur les mains,
un poids sur le cœur
et des taches
sur la conscience...

Ecoutez leurs voix !
airs macabres
et insidieux
qui présagent la mort.

Sur le passé qui se couvre
que se dissipe
le voile de l'anonymat ;
et allez bâtir,

tel des vampires
le silence des paroles
pleines de sens ;
allez dévisager,
tels des tortionnaires,
les sentiments défaitistes
de condamné.

Objectif :
sonder limites et faiblesses
de l'infranchissable inconnu.
Objectif :
meubler le temps mort
et ravaler
les larmes fictives
de désespéré

Impassibles,
disposez vos cœurs
à l'asservissement ;
et comme des feuilles
vaincues
attendre les caresses-bourrasques
du zéphyr.

Triste ou gai
fort ou abattu
tranquille ou agité
affamé ou repu
dans les prunelles hagards
s'incruste
le subconscient

pour s'enfermer,
exhumé,
dans des rêves
sans issue.

MELANCOLIE

Subtile brise de mélancolie
Dans le cœur qui languit
Comment vivre son temps
Sans respirer le présent
Lorsqu'à la peau incrustée
Vous colle le passé ?
Quand rêver des meilleurs lendemains
Et trouver bonheur en chemin
Lorsque tentaculaire et inséparable
Se veut l'histoire implacable ?
Que se répandent lumière et brume
Dans l'opacité de la nuit sublime...

Compter et peser
Mesurer et analyser :
Triste exercice inutile
Pour exhumer des désirs subtils...
Temps de triste mélancolie
Pour un passé endormi
Triste temps de mélancolie
Pour un présent épanoui ;

Toi, l'inconditionnel sceptique
Toi, si irréductible et catégorique
Sur l'histoire qui mérite hommage
Promène tes pieds sans dommage
Sans prétention ni fausse honte
A l'instar des contradictions

Qui se bousculent et s'affrontent
Sans remords ni condamnation.

ISOLEMENT

le voici tout seul
tout abandonné, tout désemparé
tout nu, tout perdu, tout harcelé, tout seul
silence de détachement
silence de concentration
silence de méditation
silence de l'intériorité
silence d'isolement :
marre des contradictions
oppressives et vexatoires
intérieur long voyage
pour un périple des sentiments ;
subtils sons de l'univers :
mes oreilles percutées
pour un esprit en repos
des heures meilleures
mon cœur a espérées
des fades moments
il a récoltés
de nobles émotions
il a rêvées
mais un flot de déceptions
il a embrassé
le monde :
je le veux soudain
sucre-saveur-parfum
soleil-fleur féconde

pour une âme sombre et luisante
qui dans l'isolement languit.

VIENDRA LE TEMPS

Impitoyable vent
des moments impétueux
toi qui
mon île sereine trouble
es-tu
la fumée de mes yeux
ou le vinaigre de mes dents
pour côte à côte entretenir
grâce et perversité ?

Au rythme
de la froide guerre
savamment nourrie
dans l'opacité de la nuit
je m'en vais
chanceler
au fond des ténèbres
je vais me lover
loin de la source
de raillerie
désaltérée

Alors
viendra le temps :
de prendre
la rebelle nature pour
la transformer et la polir
la discipliner et l'applaudir

de dompter les rebelles montagnes
les niveler et les rabaisser
d'apprivoiser vents et rivières
de transformer forêts et savanes.

PETIT DIAMANT

Souris
Petit diamant brun
Tout de rire
Tout d'éclat
Tout de filialité

Souris
Petit diamant jaune
A la libertine vie
Je t'ai préféré
De la vie d'évasion
Grâce à toi
Mon cœur j'ai retiré

Souris
Petit diamant rouge
Du chemin de la pourriture
Ta venue m'a détourné
Venue libératrice
Qui irradie
En mon fort intérieur
L'enfer de sombres jours

Souris
Petit diamant vert
Que je m'envole
Vagabonder
Dans la perdition

Pour rallumer
Dans l'esprit fécond
L'intense joie
De vivre...

UN JOUR

pourquoi ces larmes
pourquoi ce tumulte
pourquoi ces inquiétudes
pourquoi ces coups de canon
pourquoi cette basse existence
pourquoi ces lanières flageolantes
mon oreille, mon œil
tous mes sens
habitués rodent
mon cœur, ma conscience
sensibles dévoués généreux grégaires
oh que je sache beaucoup de choses
et balayer mon ignorance coupable
oh que je découvre ce monde retranché
et voler à son secours
oh que je découvre ces êtres atterrés
et arroser leurs espoirs

Un jour

Ce monde-là
effacé, parlera
ce monde-là
opprimé se déchaînera
ce monde-là
enchaîné se libérera
ce monde-là
affamé se gavera

ce monde-là
ignorant se ressaisira

Um jour

Il s'affirmera
Émancipé et
À jamais libéré.

CONSPIRATION DU SILENCE

quel silence !
quelle quiétude !
quelle tranquillité !
la nature
sommeille
la terre
s'assoupit
et l'horizon
s'étire
tout s'exhume
même cette nature faite
des ruines
et sans dignité
tout s'exhume
de la nonchalante retraite
tout s'arrache
au sommet
de la conspiration
du silence !
quel silence !
quelle quiétude !
quelle tranquillité !
la nature languit
la terre respire
l'horizon se tord
tout se marie
drapé dans l'harmonie
des couleurs évanouies

et de morte saison.
sentiments d'angoissante
solitude
souvenirs apodes
souvenirs
sans assises
venez aux fades
et insipides heures
assombri.

CALME

Surdité du silence
rumeur
d'un profond
sommeil
Intériorité
discrète
QUIETUDE
C-A-L-M-E !
Bercement
Des bruits
nocturnes
et normaux
Silence !

Lieu immaculé
du pessimisme
de l'intelligence
HALTE !

Lieu sacré
de l'optimisme
de la volonté :
calme !

Lit préparé
De la conspiration
du silence...

OH ! CE MONDE

tempétueux vent
des passions inhibées
le voilà qui souffle sur
l'humanité moite
tout est rancune
et ennemi
tout est contradictoire
et antagoniste
oui
tout est contradictoire
ce lion
dans la peau d'agneau
ce cobra
dans la peau de lézard
cet épervier
dans le plumage de pigeon
ce scorpion
dans la peau de fourmi
ce requin
dans la peau de carpe
cette foudre
dans la peau d'éclair :

le monde est controverse
le monde est contradiction
le monde est contraste
les amitiés, les amours, les sentiments
voilà pourquoi

solitaire chemin
tu suivras sans confiance :
car tout est rancune ennemi
contradiction.

AMER SOUVENIR

Souvenir bavard
silencieux souvenir
sur l'écran de la mémoire
tu t'étends,
atroce et poignant...
Cuisant et obsédant souvenir
en moi tu t'incrustes...
L'affreuse déconvenue
de l'existence tortueuse
ne t'aura pas anéanti ;
le sombre tableau
de l'histoire intime
ne t'aura pas effacé...
Quoi donc !
Rompre entièrement
avec le passé amer
et rejeter les sombres
images
dans la vallée de l'ombre :
tel n'est pas ton fort !
Souvenir de l'air ambiant
sauras-tu porter
à l'optimisme
et mettre le cœur
en fête
au jour de l'abandon
complice ?
Proie des violentes

et contradictoires pensées,
victime des sentiments
à caresser et à refouler,
qui freinera
au sein du réparateur repos
la fatigue physique
qui terrasse le corps
et endiguera
la fatigue morale
qui accable l'âme ?
Intime souvenir
à la quête d'éphémère
dérivatif :
face au cruel tourment,
ferme donc l'œil
sur les injustices
pour amnistier
le coupable
et trahir
la victime
Souvenir :
ami du temps
et parent
de l'histoire !
Souvenir :
invité de l'isolement
et hôte de la solitude !
Tout se liquéfie,
tout se dissipe,
sans gaieté
ni entrain...
Quel amer

souvenir !...

MON CŒUR VERS TOI

Toi si loin jetée
    quoi que de ma vue
retranchée

toi si loin jetée
    toi si volatile
      toi si enfant
    toi si racoleuse
toi si abandonnée
viens calmer
de ton air attendri
ma peine
à la cruelle mordacité
viens
de tes sens éperdus
arroser les intimes
sentiments de mon petit monde
viens
de tes ailes au vent emportées
m'ouvrir les portes
de la concurrence
et me disputer
à la mort des sentiments
péremptoires
le monopole de ton intimité
toi si loin jetée
quoi que de ma vue retranchée
vers toi aspirera mon cœur

léger
loin de la perfide
prodigalité paternelle.

TABLE DES MATIERES

DEDICACE 5

TETUE VERITE 7

HORIZON DEUX MILLE 11

MALGRE LES ECUEILS ET LES OBSTACLES 15

AU-DELA DE LA FAÇADE 17

BOUSCULADE 19

CONSCIENCE NARCOTIQUE 21

FRANCHE FOLIE 27

SOLEIL DE NUIT 29

ENFANTEMENT 31

PLEURS D'UN DESESPERE 35

NAVIGATION 37

PENSEES AILEES 41

ABSURDITE 45

CREATURE DE MIEL ET DE SOLEIL 47

RAYON DE JOIE 51

PETITE FLAMME 53

FLUIDE BONHEUR 55

ELAN DE LIBERTE 57

NUIT PARFUMEE	59
BONHEUR OU MALHEUR QUI SOMMEILLE	61
PLEURE TA JEUNESSE	65
TEL DES VAMPIRES	69
MELANCOLIE	73
ISOLEMENT	75
VIENDRA LE TEMPS	77
PETIT DIAMANT	79
UN JOUR	81
CONSPIRATION DU SILENCE	83
CALME	85
OH ! CE MONDE	87
AMER SOUVENIR	89
MON CŒUR VERS TOI	93
TABLE DES MATIERES	95

www.ingramcontent.com/pod-product-compliance
Lightning Source LLC
Chambersburg PA
CBHW071728040426
42446CB00011B/2271